I0707251

Du même auteur
Aux Editions du Crec
- Métapolis
- Centrisme, humanisme du juste équilibre
- L'individu du XXI° siècle, le grand prédateur de la démocratie? / La démocratie du respect
- Le Centre et le Centrisme, de la Révolution à Macron
- De l'Obamania à l'Obamisme
- Le Centrisme Américain
- Le Juste Equilibre
- Nous changerons le monde en respectant nos enfants
- Sans information citoyenne pas de vraie démocratie

Aux Editions Syros
- Le Capitalisme Vert
- Santé et Economie
- La Distribution (coauteur)
- Les Idées Reçues en Economie (codirection & coauteur)
- La Construction Européenne (supervision)

Aux Editions La Découverte
- Etat de la France (collaboration)
- Dix ans d'Etat du Monde (collaboration)

Aux Editions Pétrelle
- Les Fonds de Pension Européen (supervision)

Alexandre Vatimbella

ETRE CENTRISTE

CreC
EDITIONS

CREC
Centre de Recherche et d'Etude du Centrisme
15, rue Nélaton – 75015 Paris
lecentrisme.com

Se battre pour le Centrisme de demain

Je ne me bats pas pour le centrisme d'hier, celui du XIX° siècle, ni même pour celui du XX° siècle. Je me bats pour le centrisme d'aujourd'hui qui construit celui de demain, celui du XXI° siècle. Celui qui permettra au Centre d'édifier une société humaniste, prospère et dynamique où chacun aura la capacité de vivre une existence pleine et épanouie. Tous les centristes doivent en faire de même s'ils ne veulent pas faire du surplace et, surtout, s'exposer à des critiques sur ce fameux Centre mou, sans saveur et dépassé politiquement, toujours à la remorque de la Droite et de la Gauche, rempli d'opportunistes en attente de quelques gratifications.

Peu importe ce qu'était le Centre hier. Son seul

apport est de nous permettre de comprendre ses manques, ses erreurs afin de ne pas retomber dans ses travers. Toutefois, il n'est pas question, non plus, d'oublier ses succès. Mais, eux aussi, tout glorieux qu'ils soient, font partie du passé.

Le but du Centrisme d'aujourd'hui et de demain, pour être cette force politique d'entraînement de tout le corps social, est d'agir pragmatiquement par des réformes nécessaires, innovantes et justes sur un réel en continuelle évolution. Il ne peut, donc, se payer le luxe de regarder en arrière. Ni même de faire une pause dans sa mise à niveau car la réalité, elle, ne s'arrête jamais. Ce n'est pas une révolution permanente mais bien des réformes en continu!

Pour ce faire, il met en œuvre une ligne politique par des principes d'action sous-tendus par des valeurs. La ligne politique du Centrisme du XXI° siècle est de bâtir une société humaniste, juste et harmonieuse où chacun trouve sa place autour d'un lien social édifié à partir de sa valeur principale, la liberté, sa règle, l'égalité, et sa vertu, le respect, qui impliquent, en outre, la fraternité (ou solidarité) et la tolérance entre individus égaux, dotés de droits et de devoirs qui en font des personnes.

Pour y parvenir, le Centrisme a un principe fondamental de bonne gouvernance, le juste équilibre et une technique, le réformisme. Le juste équilibre nécessite une réforme juste. Celle-ci est une réforme continuelle qui adapte sans cesse les règles de vie en commun à la réalité sociétale et non le contraire, sans pour autant donner dans la démagogie, le renoncement et la facilité. Rappelons que le juste équilibre est de pouvoir donner à chacun le plus qu'il peut recevoir de la société sans que l'autre n'en soit pénalisé. Il s'agit d'harmoniser tous les intérêts particuliers en donnant le plus de satisfaction possible à tous les citoyens.

Cette ligne politique et ces principes doivent être mis en œuvre autour du quatuor: liberté, égalité, fraternité et respect.

Les centristes doivent se positionner sur ce corpus afin que leur combat soit à même de changer la société sans changer de société. Un combat qui n'a pas besoin, comme c'est le cas à gauche et à droite, de rêver d'une société qui n'existe plus ou n'a jamais existé.

Nous ne sommes pas ou plus dans une communauté unie dans un nationalisme ethnique mais où la solidarité sociale n'est pas de mise. Nous ne sommes pas, non plus, dans une société où la volonté toute-puissante d'un Léviathan s'imposerait à l'individu qui devrait accepter l'autorité de l'Etat qu'il soit providence ou incarnation. Non, le challenge du Centre est bien de gérer cette modernité, cette postmodernité voire cette ultra-modernité pour que l'individu-monde, métissé culturellement et en communication mondialisée, de plus en plus libre et réclamant toujours plus d'autonomie demeure, au-delà de et malgré tout, une personne et non un électron libre sans lien avec sa communauté dans une dynamique qui permet de respecter ce qu'il est sans détruire le lien social. Un sacré challenge.

Tocqueville prévoyait déjà que ce serait un défi difficile, presqu'impossible. Mais tous les centristes, les vrais, savent qu'être du Centre est beaucoup plus difficile et courageux que d'être aux extrêmes. Car les centristes sont là pour relever les vrais défis et non faire de la gesticulation. C'est la beauté du politique et non la médiocrité du clientélisme. A chacun de choisir son combat…

I

Etre et demeurer centriste
en pensant le monde d'aujourd'hui

Avant de rentrer dans le vif du sujet, il convient de préciser ce que c'est que d'être centriste en ce début de XXI° siècle où le mot est utilisé à toutes les sauces et galvaudé plus que de mesure mais aussi de dresser un rapide tableau synthétique de la situation mondiale.

Etre centriste c'est adhérer d'abord à des valeurs humanistes (liberté, solidarité, tolérance) et à une règle démocratique (égalité). Mais c'est également souscrire au principe de juste équilibre (une bonne et pertinente répartition harmonieuse qui vise à donner le plus de satisfaction possible à tous les citoyens tout en sachant que personne ne peut être contenté complètement). Et c'est mettre le respect au rang de vertu cardinale et la dignité à celui d'état prépondérant de l'être humain.

Ensuite c'est être un partisan de la démocratie républicaine et d'une méritocratie où chacun doit avoir les mêmes opportunités de réussir sa vie. D'où il résulte qu'il est un libéralisme social.

Pour mettre en œuvre ce programme, le Centrisme prône un réformisme progressiste qui permettra à la communauté de se développer harmonieusement tout en prenant en compte les réalités (il est un pragmatisme, à fois, en reconnaissant le réel et en prenant les meilleurs décisions en rapport à celui-ci) et à l'individu de devenir une personne, c'est-à-dire doté de droits et de devoirs, responsable de sa vie mais aussi de ses actes auquel est garanti la dignité et le respect.

Passons maintenant au tableau synthétique du monde qui est largement contrasté. Nous vivons, en ce premier quart de XXI° siècle, dans un monde dangereux, tragique et où les incertitudes à moyen et long terme sont toujours aussi importantes qu'au siècle dernier, voire pire puisque nous assistons peut-être à l'effondrement d'un ordre mondial par la volonté de la première puissance de la planète, les Etats-Unis avec une Chine tapie dans l'ombre pour jouer les marionnettistes à son profit afin de récupérer ce qu'elle estime son dû, la première place.

Oui, la démocratie existe et s'est approfondie, oui, la pauvreté a reculé, oui nous soignons de mieux en mieux les gens, oui, nous avons continué à progresser comme le disent avec raison les penseurs du mouvement des «nouveaux optimistes». Mais, oui aussi, nous voyons se profiler de multiples menaces dont certaines sont déjà présentes, comme le disent avec sans doute une dramaturgie excessive les «collapsologues» qui ont déjà condamné l'Humanité à sa quasi-extinction.

C'est le cas du réchauffement climatique, de possibles pénuries d'eau et de nourriture, des régimes dictatoriaux et autoritaires, du nationalisme agressif, de la désinformation de citoyens «surinformés», phénomènes qui, avec d'autres, accroissent les risques de conflits partout dans le monde, y compris en Europe.

D'autres semblent être à même de ne pas être de simples épiphénomènes dans les démocraties républicaines. C'est le cas de la montée du populisme sous fond d'autonomisation mortifère pour le lien social d'individus égocentriques égoïstes assistés irrespectueux insatisfaits (qui est un travers de l'individualisme et non sa résultante et qui est visible également dans les pays non-démocratiques comme la Chine), qui se nourrit d'une société de plus en plus inégalitaire socialement et économiquement alors même que ces sociétés offrent des cadres de vie qui se sont améliorés ces dernières décennies.

Alors, penser le monde d'aujourd'hui en tant que centriste, c'est avant tout tenter de sauvegarder le meilleur régime politique qu'il nous est donné d'avoir, la démocratie républicaine libérale représentative et espérer pouvoir la développer partout dans le monde.

Pour cela, le centriste est aujourd'hui partisan de réformes structurelles d'importance. Remarquons que le réformisme centriste n'est pas celui d'un chamboulement constant mais l'adaptation de la société à la réalité dans un but de la rendre, in fine, capable de relever les défis qui se présentent tout en la rendant la meilleur possible pour ses membres. Mais, s'il faut en cet instant présent réformer en profondeur, c'est parce que la situation le nécessite et que les choses n'ont pas été faites auparavant, que ce soit en France mais aussi dans le monde entier où nombre de gouvernants irresponsables ont laissé la situation empirée faute de courage pour s'attaquer aux périls qui nous menacent.

De même, pour nous Européens, il faut approfondir au plus vite les liens au sein de l'Union européenne parce que cela permettra, non seulement, de faire face du mieux possible aux menaces dont j'ai parle plus haut mais, également, de mieux être à même de provoquer des changements dans l'ordre mondial à tous les niveaux.

Il faut se rappeler d'un point crucial que tous les populistes passent sous silence ainsi que tous les contempteurs d'un soi-disant ordre «néolibéral» qui règnerait en France: le pays vit dans un monde où il n'est pas libre de faire ce qu'il veut que ce soit au niveau économique, social et dans ses relations internationales.

Que les déclinistes se rassurent, même les Etats-Unis ne peuvent pas faire ce qu'ils veulent malgré les propos de Trump.

On n'a pas oublié qu'en 1981, une époque pourtant «préhistorique» où l'on ne parlait guère de mondialisation et de globalisation, le gouvernement français, sous la houlette du président François Mitterrand, avait décidé de ne pas se soumettre à l'ordre mondial et de montrer au monde entier, telle une avant-garde rappelant les heures glorieuses de la Révolution française mais aussi l'hubris national que nous avons tendance à véhiculer sous forme de «grandeur nationale», qu'il y avait un autre chemin possible. Moins de deux ans plus tard, une augmentation du chômage, des déficits publics, une dévaluation et un appauvrissement de la population sur fond de perte d'influence du pays au niveau international, le tournant de la «rigueur» venait en piqûre de rappel que l'on peut promettre tout et n'importe quoi mais que de se frotter concrètement à des promesses électoralistes, populistes et extrémistes, ramène fissa à rentrer piteusement dans le rang avec des séquelles graves pour pays.

Car si les règles du monde doivent changer, ce n'est pas un pays comme la France qui sera capable d'y parvenir seule (cela n'empêche pas de travailler à former des coalitions fortes et puissantes pour changer les choses). Dès lors, c'est bien dans un cadre prédéfini (tant pis pour notre fierté) que nous devons agir parce que si nous ne le faisons pas, c'est nous qui en pâtirons les premiers.

Les centristes ne doivent jamais tomber dans ce travers (on en voit aujourd'hui promettre ce tout et n'importe quoi comme d'irresponsables politiciens en quête de gains électoralistes) parce que le Centrisme est justement cette pensée du possible et du meilleur uniquement dans le juste équilibre et la responsabilité.

Et, dans ce monde actuel, il est le seul à même d'accompagner le pays et le monde dans des réformes essentielles, nécessaires et incontournables tout en respectant l'humain et sa dignité.

Etre centriste c'est ne jamais oublier la dimension humaniste de son combat, ne jamais faire l'impasse sur la responsabilité de ses propos, ses promesses et ses actes et être dans l'agir et non dans la posture. Ce n'est certes pas facile, ni forcément populaire. Mais seuls les imbéciles (et les opportunistes qui prétendent se situer au centre), croient le contraire (et le font croire par leurs comportements pathétiques et irresponsables).

Voilà pourquoi un centriste aura toujours des adversaires des deux côtés de l'échiquier politique. En luttant contre les clientélismes au nom d'une société de compromis et d'équilibre basée sur la réalité de la vie, il est le réceptacle de toutes les critiques et de toutes les attaques de cette gauche et de cette droite qui ne recrutent leurs clients-électeurs que par des promesses irresponsables et irréalisables.

Oui, comme le montre les difficultés d'Emmanuel Macron et de sa majorité (nonobstant les erreurs commises), être centriste n'est pas le positionnement politique le plus facile. C'est sans aucun doute la beauté et la dignité du Centre, du Centrisme et des centristes. Alors, oui, on peut continuer à être centriste dans ce monde incertain où, à nouveau, l'humanisme et la démocratie sont remis en question par les peuples eux-mêmes, excités par des aventuriers de la politique.

Et être centriste c'est encore et toujours croire en la démocratie, cette belle idée et ce système le meilleur (ou le moins pire) même si une majorité de ceux qui en profitent n'en est pas forcément digne.

I

Centriste du XXI° siècle

Il est bon de se demander ce qu'est être un centriste aujourd'hui en ce début de XXI° siècle. Cela apporte, en outre, quelques éclaircissements salutaires sur les fausses postures et les vraies convictions en la matière. En préambule, il est important de rappeler que toute personne se réclamant du Centrisme veut évidemment que la communauté dans laquelle il s'investit (quartier, ville, région, pays, humanité,...) réussisse et, ce, au-delà des étiquettes politiques, au-delà des moyens mis en place. Car le centriste est un pragmatiste qui est convaincu qu'il faut constamment s'adapter aux situations économique, sociale, politique et sociétale présentes.

Cela ne veut évidemment pas dire que le centriste est une girouette qui change de vision de la société comme de chemise. Bien au contraire, il est sûr de sa vision sous-tendue par ses valeurs qui ne varient pas au gré des circonstances. C'est sur ces valeurs qu'est assis son pragmatisme. C'est justement parce qu'il est sûr de ses valeurs que le centriste n'a pas besoin d'être dogmatique pour les défendre. Car si on ne peut faire fi de la réalité, l'on peut, en la prenant en compte, agir efficacement pour réformer la société. C'est évidemment un travail plus ingrat que de faire de belles envolées lyriques en annonçant le grand soir et le paradis sur terre, promettant tout et n'importe quoi tout en sachant qu'on ne pourra jamais tenir ses promesses.

Etre centriste en ce nouveau millénaire est donc prendre en compte la réalité de la vie. Mais c'est aussi avoir des valeurs fortes qui guident son action politique et sa vision de la société. Ces valeurs sont dominées par la première d'entre elles, la métavaleur, la liberté. En découle la tolérance de l'autre et la solidarité avec l'autre le tout dans la pratique de la métavertu, le respect de l'autre. Toute action réellement centriste prend en compte ces quatre dimensions dans le cadre de la métarègle, l'égalité. C'est d'ailleurs pour cette raison que les principes politiques du centriste sont l'humanisme respectueux et le juste équilibre et que le comportement d'un centriste est fait de respect et de juste équilibre.

Mais ces valeurs et ce principe, le centriste l'applique en rapport avec une réalité de l'existence et sur l'analyse du fonctionnement de la société. C'est ainsi que le centriste est un libéral-social car il sait que la société ne peut être que libérale au niveau de son fonctionnement politique, social, économique et sociétal, c'est-à-dire que le principe de liberté doit s'y appliquer prioritairement parce que, d'une part, il s'agit de promouvoir la personne humaine dans son individualité et son appartenance au groupe et que, d'autre part, celle-ci est la composante essentielle d'un développement rationnel et efficace de la société.

Mais le centriste n'oublie pas que la liberté n'est rien d'autre qu'une loi de la jungle si elle n'est pas associée au respect de l'autre, à la tolérance de l'autre et s'il n'est pas solidaire de l'autre. En ce début de XXI° siècle, le centriste doit donc construire le monde en sachant que la liberté n'est pas un dû mais qu'elle a un prix qui est celui de la volonté et du courage.

Ce monde, il sait qu'il est inégalitaire et qu'il le restera toujours mais qu'il peut y apporter des correctifs pour aider ceux qui sont dans le mauvais wagon tout en laissant ceux qui sont dans le bon œuvrer pour eux-mêmes et la communauté tout entière. Un monde qui vit au rythme de la globalisation du commerce qui vaut mieux que la mondialisation de la guerre (le commerce tue la guerre et inversement) mais aussi sous la menace de conflits, de pandémies et de la destruction de l'environnement. Il sait donc que la croissance est nécessaire mais qu'elle ne signifie pas «toujours plus» mais «toujours mieux». Un monde où la construction d'un vrai et fort lien social permettant l'épanouissement de tous pour le bien de chacun est la tâche principale. Un lien social dont la base est la primauté de l'être humain.

Le centriste du XXI° siècle, héritier de celui des siècles précédents, est une personne responsable de sa vie et de sa communauté dont la vision politique est de bâtir une société démocratique et républicaine où tout le monde peut se sentir utile et où personne n'est laissé sur le bord de la route. Mais cela est un combat quotidien car, dans le monde, aucune situation n'est jamais acquise. Et, ça, le centriste en est parfaitement conscient et son adaptation à ce monde en perpétuel changement est une de ses principales qualités.

II

La centriste attitude

Un centriste est quelqu'un qui est du Centre et adhère au Centrisme et à ses valeurs. Fermer le ban. Ou, pas tout à fait. En effet, le centriste doit également posséder la «centriste attitude». L'essence de celle-ci est fondamentalement la liberté. Un centriste est une personne libre. Et ce n'est pas rien. Ni dans la façon dont cela construit sa vision du monde, ni dans celle qui forge sa manière de faire de la politique.

Là où, souvent, certains ne voient qu'opportunisme ou manque de profondeur politique (qui sont l'apanage des faux centristes), il y a cette volonté farouche de demeurer libre. D'où une conséquence majeure. Les centristes ne sont quasiment jamais solubles dans un seul parti centralisé et monolithique. Bien sûr, on pourrait dire la même chose des gens de Gauche et de Droite. Mais pas à la même échelle et pas de la même façon. Si à gauche et à droite des chapelles idéologiques s'affrontent, parfois durement, au centre on trouve des hommes libres partageant la même vision politique et les mêmes valeurs mais jaloux de leur indépendance et de leur différences.

Attention, bien sûr, de ne pas trop idéaliser ce tableau. Les combats de chefs aux fortes ambitions personnelles (lesquelles n'ont rien de négatif si elles sont porteuses d'un vrai message politique) aboutissent, malheureusement, à des divisions stupides et négatives comme c'est le cas à périodes répétées et accouchent d'un Centre morcelé. Incapables de s'entendre, ses composantes deviennent alors des supplétifs de la Droite et de la Gauche.

La III° République nous a bien montré la futilité politique des divisions du Centre et les ambitions personnelles qu'elles recelaient. Mais nous retrouvons aussi ce tableau aujourd'hui où les centristes sont éclatés dans diverses formations plus proches les unes des autres qu'elles ne le sont de la Droite et de la Gauche avec lesquelles, pourtant, elles recherchent des alliances avant même de se retrouver ensemble... Du coup, les centristes oublient les autres qualités de la «centriste attitude», le consensus et la responsabilité.

Car la liberté n'est rien en politique si elle n'est pas associée à la responsabilité et que cette liberté et cette responsabilité ne soient pas les bases communes d'un consensus. De la même façon que liberté et égalité sont indissociables dans la recherche de la fraternité. Le tout dans une autre qualité centriste, le pragmatisme.

Faire de la politique, c'est vouloir faire triompher ses idées et ses valeurs. Tous les centristes devraient se le rappeler au moment où ils tentent de refonder un Centre dynamique qui doit, de nouveau, peser sur les choix politiques importants qui sont devant nous, Français, Européens et citoyens du monde, en mettant en place une société libre, respectueuse, solidaire, tolérante, avec une économie sociale de marché fondée sur les valeurs du libéralisme social. Et avec la «centriste attitude», ce sera sans doute beaucoup plus facile…

III

Les six commandements du centriste

Pour bâtir la meilleure société possible, le Centriste doit mettre en avant six principes politiques de gouvernement.

- Premier commandement: Le centriste doit fonctionner dans le réel mais ne pas prendre prétexte de sa prégnance pour ne rien changer dans la société. Le principe de réalité est un des principes auxquels le Centriste est le plus attaché car il ne se berce pas d'illusion et ne construit pas des paradis sur terre qui ne sont souvent que des enfers totalitaires. Mais cela ne veut pas dire que le monde étant ce qu'il est, la société et les comportements ne peuvent pas être changés et la condition humaine améliorée. La réalité sera toujours plus forte que les chimères humaines qui l'ignorent mais elle sera la meilleure amie de celui qui, s'appuyant sur elle, veut améliorer le monde dans lequel il vit.

- Deuxième commandement: Le centriste doit être pragmatique pour aller de l'avant et réunir la communauté autour d'un projet fédérateur et réalisable. Pendant du principe de réalité, le pragmatisme est une qualité essentielle d'une action politique qui sait que l'important est d'avancer par rapport à l'état de la société et des rapports de force à un moment donné et non de pratiquer un tout ou rien stérile mis en avant par celui qui demeure enfermé dans un schéma de confrontation et qui perd ainsi la capacité d'améliorer la condition humaine par une incapacité de faire la distinction entre compromis, moteur de la démocratie, et compromission.

- Troisième commandement: Le centriste doit construire une société humaniste par le respect et le juste équilibre. Le Centrisme étant un humanisme dans cette injonction de mettre l'humain au centre de son projet, celui qui s'en réclame est un ouvrier qui bâtit une société où l'humanisme se traduit par la préoccupation que tous reçoivent les mêmes chances et où chacun peut être ce qu'il est dans sa différence avec l'autre et réaliser effectivement ses potentialités sans autres entraves de permettre à l'autre d'en faire de même le tout dans un respect mutuel.

- Quatrième commandement: Le centriste doit

promouvoir la personne sans oublier l'individu. Issu d'une communauté, chacun de nous est un individu unique et différent de l'autre, c'est ce qui fonde notre liberté. Mais cet individu ne peut réellement vivre sa liberté que si la communauté lui reconnait le statut de personne en le respectant, en étant solidaire de lui et en le tolérant. L'équilibre entre l'individu et la personne permet de donner le plus de liberté possible dans une sécurité indispensable pour la vivre effectivement, c'est-à-dire en en faisant une personne membre d'une communauté. Cette relation individu-personne est au cœur de l'action du centriste qui doit toujours veiller à ce qu'elle soit réelle, vivante et équilibrée pour éviter que l'individu devienne égoïste et que la personne devienne assistée.

- Cinquième commandement: Le centriste doit rechercher le progrès mais pas à n'importe quel prix humain et éthique. Le centriste est un progressiste dans le sens où il croit que l'on peut améliorer la condition humaine par l'action politique et que la société peut mettre en œuvre ce progrès. Mais il sait aussi qu'au nom du progrès toutes les valeurs peuvent être bafouées. Dès lors, le vrai progrès est celui qui permet de rendre l'individu plus libre et la personne plus en sécurité dans cette relation équilibrée. Dès que cet équilibre est rompu alors le progrès peut devenir liberticide, irrespectueux, intolérant et diviseur.

- Sixième commandement: Le centriste doit rassembler dans la différence. Nous nous ressemblons tous mais nous sommes tous différents. C'est pourquoi nous avons tous des intérêts communs mais aussi que chacun de nous est unique. La société humaniste que veut bâtir le centriste est donc faite d'un rassemblement de toutes ces différences que nous sommes mais qui ont un intérêt commun à agir pour construire un meilleur présent et un meilleur avenir communs. Ce rassemblement des différences autour d'un projet politique est ce que nous appelons le lien social. Si le rassemblement tend à nier les différences ou si les différences tendent à empêcher le rassemblement alors l'harmonie est détruite et se forment des sociétés déséquilibrées où soit la machine étatique régente l'existence des citoyens, soit la loi du plus fort est la règle. Dans tous les cas la violence et l'insécurité écrasent les êtres humains et les empêchent d'être individus et personnes.

IV

Centriste et courageux

Le courage est une des principales vertus en politique, elle est essentielle de la part des représen-
tants élus dans une démocratie représentative.
C'est pour qu'ils aient le courage de dire ce qui
est, le courage de dire ce qu'il faut faire et le courage d'agir que l'on vote pour eux. Sans oublier
que le courage est également de mettre en
œuvre la bonne mesure quelle que soit sa prove-
nance, quel que soit son porte-voix.

De ces points de vue, il est une qualité éminem-
ment centriste. Centriste parce que le Centrisme
est un réformisme qui s'appuie sur la responsabilité. De ce fait, il estime que le courage politique
est un ingrédient indispensable pour que les réformes nécessaires puissent être mises en

œuvre et donnent des résultats mais aussi pour que les citoyens puissent savoir où on les emmène et dans quel état se trouve le pays.

Beaucoup trop d'hommes et de femmes politiques ont peur de ce courage qu'ils assimilent à une sorte de suicide politique. Du coup, ils préfèrent se taire ou promettre des lendemains qui chantent, sachant qu'ils refilent la patate chaude à leurs successeurs, aux prochaines générations! Et puis, c'est plus facile d'être (ré)élu sans aborder les questions qui peuvent fâcher...

Alors que si l'on dit ce qui est et ce qu'il faut faire sans tenter de caresser les électeurs dans le sens du poil, il est évident que l'on prend un risque. Mais celui-ci, inhérent à la vie, fait partie de la responsabilité d'un élu du peuple ou de celui qui sollicite le devoir d'en devenir un. C'est aussi son honneur. D'autant plus que la facture de la lâcheté politique est bien supérieure à terme pour le monde politique et, bien sûr et surtout, pour la société toute entière.

Ne pas dire, ne pas décider et ne pas faire représentent un coût énorme qui se rattrape difficilement. Et l'empilement de tous les renoncements rend la réforme de plus en plus difficile mais aussi de plus en plus indigeste car, au bout du compte, on demandera au citoyen bien plus de sacrifices qu'on aurait dû lui demander si la bonne décision avait été prise au bon moment, si le courage de la prendre avait été au rendez-vous.

Pour autant, le courage du politique n'est rien sans le courage des citoyens. Car, en démocratie républicaine, il n'est de grande politique sans grand peuple.

V

De l'intellectuel centriste

Néo-gauchistes bien-pensants contre néo-réactionnaires identitaires, il parait que c'est le nouvel affrontement de la scène intellectuelle française de ce début de XXI° siècle (*). Avec, à la marge, tous les catastrophistes qui viennent annoncer la fin du monde toute proche et qui se recrutent tant à droite, chez les néo-réactionnaires qu'à gauche, chez les néo-gauchistes. Scène est le terme qui convient le mieux tant tous ces «engagés» squattent les médias, leur milieu naturel d'existence et de reproduction, notamment les audiovisuels (même ceux qui disent le contraire uniquement parce qu'ils sont moins invités que les autres…).

D'un côté, tous ceux qui, du marxisme au catholicisme de gauche, ont décidé de se positionner près des damnés de la terre de tous poils, enfin de ceux qu'ils ont identifiés comme tels, et de fustiger l'Occident qui serait le diable ou, au moins, un de ses acolytes, responsable du dysfonctionnement de la planète et de tous les drames qui s'y passent, du terrorisme islamiste aux migrants qui se noient dans la Méditerranée au large de la Grèce ou de l'Italie en passant par le réchauffement climatique et les soubresauts de la globalisation économique. De l'autre côté, tous ceux qui, du nationalisme au conservatisme revanchard ou nostalgique, ont pris le parti de dénoncer toute modernité, d'appeler à l'ordre et au réveil d'une conscience occidentale soi-disant anesthésiée par une mondialisation culturelle létale pour les «vraies» valeurs.

Entre ces néo-gauchistes bien-pensants et ces néo-réactionnaires identitaires, nous sommes sommés, pauvres citoyens «de base», de choisir notre camp. En quelque sorte Le Monde contre Le Figaro, L'Obs contre Le Point, Libération contre Valeurs Actuelles. Et si l'on ne choisit pas, on est catalogué par un bord comme étant de l'autre et réciproquement…

Sauf que…

Sauf que, le plus extraordinaire, c'est que des ponts existent plus qu'on ne le croit entre ces deux univers qui semblent se faire la guerre à mort. Car, ils ont un ennemi commun: la démocratie républicaine consensuelle et ouverte qui s'appuie sur les valeurs humanistes. Des deux côtés, il n'y a pas de mots assez durs pour celle-ci accusée d'être au service de tous les «méchants» et, croyez-moi, ils sont nombreux pour ces gens-là, à la mesure de leurs ambitions médiatiques. Dans ce maelström souvent indigent, insipide et indigeste, où est l'intellectuel humaniste, c'est-à-dire l'intellectuel centriste, ce défenseur et promoteur de la démocratie républicaine humaniste?

Rappelons que les racines centristes en France viennent du libéralisme, de la démocratie chrétienne et du radicalisme. Cela devrait permettre d'avoir une palette assez large d'intellectuels centristes. Or, pas du tout: la plupart des intellectuels libéraux font allégeance à la droite, comme ceux de la démocratie chrétienne. Quant à ceux du radicalisme, quand ils existent (!), ils ont plutôt tendance à pencher à gauche, laïcité oblige. L'intellectuel centriste qui devrait être un mix de ces trois courants et de l'humanisme qu'ils représentent est donc difficile à trouver ou à identifier.

Bien entendu, on pourrait choisir quelques compagnons de route des médias qui se présentent plus ou moins comme tel mais ils sont plutôt des supercheries en la matière. A défaut de pouvoir en trouver, qu'est-ce qu'au fond un intellectuel centriste? C'est un penseur qui est libre d'abord, libre de toute construction a priori et de tout effet de manche extrémiste et/ou réductrice qui a cogité la bonne formule ou la posture qui fait polémique pour attirer l'attention médiatique. Son problème n'est pas d'inventer des chimères, ni de rêver du grand soir improbable (ou criminel) ou d'un âge d'or à retrouver, qui n'ont jamais existé, l'un et l'autre, que dans les fantasmes puérils de ceux qui les inventent.

Son matériau, à l'intellectuel centriste, c'est le réel et c'est l'humain, la personne qu'il faut respecter et émanciper pour qu'elle prenne sa vie en main et sa place dans une communauté humaine tolérante et solidaire à la mesure de ses capacités. Ce ne sont pas les idéologies mortifères qui créent l'affrontement. Mais l'intellectuel centriste n'est pas un naïf qui vit dans un monde qui n'existe pas, il laisse cela à l'intellectuel néo-gauchiste ou néo-réactionnaire.

Il est conscient des dangers qui menacent quotidiennement la liberté ou l'égalité, la planète ou l'économie, par exemple. Il sait que toutes les avancées humanistes au cours de siècles doivent se défendre et que l'on n'a rien sans effort et sans capacité à se mobiliser pour préserver tous les acquis positifs. Cependant, il sait que la démocratie républicaine – qui puise ses sources, comme je l'ai dit plus haut, tant auprès du libéralisme, de la démocratie chrétienne et du radicalisme – doit être réformée sans cesse, non pour le plaisir de le faire mais pour l'adapter au monde en continuelle évolution afin d'en établir, d'en préserver ou d'en rétablir le juste équilibre.

L'intellectuel centriste n'est pas, à l'inverse des néo-gauchistes et des néo-réactionnaires, des directeurs de conscience. C'est la liberté qui le lui interdit et qui transcende son message pour que celle-ci conquiert toujours plus de nouveaux territoires mais dans le respect de l'autre. Le respect de l'autre est d'ailleurs un fondement essentiel de la pensée sur laquelle il s'appuie. Ce respect qui, s'il existait vraiment, changerait la société et les rapports humains en profondeur avec un lien social revigoré et revitalisé. Il le promeut donc tout en sachant dans le monde dans lequel il vit qui, tant qu'il ne sera pas respectueux, a besoin de droits et de devoirs, surtout de cette sécurité que doit assurer l'Etat (et plus globalement la communauté mondiale avec ses organisations transnationales) envers ses citoyens.

Enfin, l'intellectuel humaniste aura toujours plus de mal à se faire entendre car il ne parle pas par slogans publicitaires et n'utilise pas toutes les ficelles de la propagande qui réussissent si bien à l'intellectuel néo-gauchiste bien-pensant et à l'intellectuel néo-réactionnaire identitaire. Mais si c'est un réel handicap, c'est aussi tout l'honneur d'un intellectuel.

(*) Né lors de l'affaire Dreyfus et la publication dans l'Aurore du «J'accuse» en 1889 d'Emile Zola, l'intellectuel français n'a, depuis, cessé de défrayer la chronique. Selon la définition du Centre national de ressources textuelles et lexicales du CNRS, c'est une «Personne qui, par goût ou par profession, se consacre principalement aux activités de l'esprit». De manière plus spécifique à notre propos, selon Wikipedia, l'intellectuel «est une personne dont l'activité repose sur l'exercice de l'esprit, qui s'engage dans la sphère publique pour faire part de ses analyses, de ses points de vue sur les sujets les plus variés ou pour défendre des valeurs, qui n'assume généralement pas de responsabilité directe dans les affaires pratiques, et qui dispose d'une forme d'autorité». Sans oublier que l'intellectuel «est une figure contemporaine distincte de celle plus ancienne du philosophe qui mène sa réflexion dans un cadre conceptuel.» Même si, évidemment, un philosophe peut faire «profession» d'intellectuel.

TABLE DES MATIERES